AF259676

27
Ln
62/4

M. L'ABBÉ PONE

Directeur au Grand Séminaire

DE LONS-LE-SAUNIER

LONS-LE-SAUNIER

IMPRIMERIE ET LITHOGRAPHIE P. GALLARD ET CIE

1871

M. L'ABBÉ PONE

DIRECTEUR AU GRAND SÉMINAIRE

DE LONS-LE-SAUNIER

La vie de M. l'abbé Pône, que la mort a enlevé avant le temps au séminaire et au diocèse de Saint-Claude, a été remarquablement une. Dieu, qui l'avait fait naître au sein d'une famille éminemment chrétienne où germa de bonne heure sa vocation ecclésiastique, renferma dans le séminaire, qui devait être sa seconde famille, les jours pleins quoique courts de son sacerdoce. Ces jours, pour avoir été cachés en Dieu, n'en ont laissé que de plus précieux souvenirs à la communauté qu'il a édifiée par sa doctrine et ses vertus, au clergé de ce diocèse qui l'avait en singulière estime et affection, et à ces prêtres déjà nombreux en qui M. Pône a travaillé avec un saint zèle à former Jésus-Christ. Nous avons mis à recueillir ces souvenirs les soins pieux de l'amitié, à laquelle s'ajoute le respect pour une mémoire bénie, persuadé que chacun y trouverait, avec une consolation, l'exemple qui instruit et fortifie.

C'est au mois d'octobre 1847 que Charles-Jules-François Pône entrait comme élève dans ce séminaire de Lons-le-Saunier auquel Dieu le destinait. Il n'avait pas encore vingt ans. A sa tenue si religieuse, si modeste, et à l'air d'angélique vertu répandu sur toute sa personne, nous crûmes voir un autre Louis de Gonzague dans ce nouveau séminariste qui nous était jusque là inconnu. Aucune des maisons ecclésiastiques du diocèse ne l'avait formé ; mais la famille lui avait tenu lieu de petit séminaire. Son père, M. Pierre-François Pône, n'était point un chrétien ordinaire. D'abord étudiant en théologie à Besançon, des raisons de santé l'avaient mis dans la douloureuse nécessité de renoncer à une carrière vers laquelle l'appelaient ses goûts comme les habitudes de sa première jeunesse. Retiré depuis à Dole, non loin de son village natal (1), M. Pône s'y était fait une position indépendante et honorée quoique modeste, où le suivit l'affection de nombreux prêtres et de laïques de tous les rangs, qui avaient été ses compagnons de séminaire ou de collége. Son esprit avait conservé la trempe solide que lui avait donnée la théologie; et les convictions de l'ancien séminariste, auxquelles ne donna jamais un démenti la vie toute chrétienne de l'homme du monde, s'affirmaient avec cette énergie et cette mâle franchise qui, si elles ne réussissent pas toujours à persuader, imposent du moins à tous le respect. Dieu avait préparé à M. Pône une compagne digne de lui dans une orpheline de Riga, de famille luthérienne, que sa Providence avait amenée à Dole, en pays catholique (2), pour lui montrer la vraie Eglise dont la tenait séparée sa seule naissance. Entrée dans cette Eglise aussitôt qu'elle avait pu la connaître (3), Julie-Catherine Krause y avait puisé une élévation de foi et une sève de vie chrétienne qui devaient faire de cette âme religieuse, aussi tendre que forte par nature, la femme vraiment selon le cœur de Dieu.

Charles-Jules-François Pône, le premier fruit d'une union que bénit la naissance de cinq enfants, était né à Dole le 22 décembre 1827. Les heureuses dispositions de son âme d'enfant trouvèrent admirablement à se développer dans une famille qui fut pour lui l'école de la piété et des vertus. Après avoir reçu chez les bons Frères des Ecoles chrétiennes un premier enseignement consacré par la religion, il avait suivi en qualité d'externe les cours du collége de l'Arc, jusqu'à la philosophie inclusivement, qu'il fit sous M. Chouteau, de chrétienne mémoire. C'était, dans toute l'acception du mot, un élève distingué; plusieurs de ses maîtres en ont conservé un souvenir que le temps n'a point effacé, comme lui, de son côté, n'oublia jamais ce qu'il leur devait. Il alliait à une rare justesse de pénétration un goût d'une pureté toute classique, et le commerce de son père lui avait donné des habitudes de méthode dans le travail qui aidèrent encore chez lui l'application sérieuse et soutenue de ses riches facultés.

En face du collége où l'élève se formait aux sciences humaines, les RR. PP. Jésuites, qu'une loi de liberté n'avait pas encore rendus

(1) Le père ou l'aïeul de M. Pône, dont la famille tirait son origine de Chantegrue (Doubs), était venu habiter Champvans-les-Dole.

(2) Elle avait été appelée dans cette ville, après la mort de ses parents, par une sœur mariée lors de l'émigration à un Français attaché à la personne de Louis XVIII.

(3) M. l'abbé Busson, alors vicaire à Dole, mort il y a quelques années chanoine de Besançon, fut le prêtre que Dieu lui donna pour l'instruire dans la foi catholique.

à l'enseignement, avaient ouvert aux enfants des familles chrétiennes de Dole une de ces congrégations dont tant de jeunes gens ont ressenti le bienfait. Jules Pône s'y était enrôlé des premiers sous la bannière de la Vierge, pour laquelle il professa dès ses jeunes ans une filiale dévotion. Les familles les plus recommandables de la ville briguaient pour leurs enfants la société de cet écolier, que distinguaient entre tous son aimable piété, l'innocence de ses mœurs et cet éclat inimitable de la vertu conservée dans un adolescent. C'est là qu'il contracta avec plusieurs condisciples de choix, des liens que nous avons vus survivre à tout et que la mort, loin de briser, ne faisait que consacrer et rendre plus étroits. La société de Jésus occupa dès lors une grande place dans le cœur et les affections du saint jeune homme. Il n'en parlait jamais qu'avec le langage de l'admiration et de la reconnaissance, et aima toujours à entretenir avec la maison de Dole des rapports qui lui rappelaient les grandes grâces de Dieu à son endroit. Longtemps même l'attrait qu'il ressentait pour cette famille des Louis de Gonzague, des Stanislas de Kostka et des Jean Berchmans ressembla assez à une vocation divine, pour que le pieux élève ne sût pas se prononcer entre l'état ecclésiastique et la Compagnie de Jésus. Il hésitait plus que jamais quand son père, sa philosophie achevée, le présenta au séminaire où il nous faut maintenant le reprendre.

M. Pône, en conduisant son fils au séminaire, y retrouva à la tête de la maison et de l'enseignement M. Bailly et M. Fraignier, avec lesquels il avait été assis sur les bancs de théologie à Besançon. L'accueil qu'ils firent au fils se ressentit de leur vieille affection pour le père. Ils ne furent pas longtemps, du reste, sans reconnaître dans le nouveau séminariste un esprit éminemment propre à la science théologique, et en qui les dons les plus rares de l'intelligence étaient rehaussés par une parfaite modestie. Jamais joie de professeur n'égala celle de M. Fraignier. Cet enseignement tel qu'il le comprenait, qui avait été la passion de toute sa vie, il pourrait le communiquer à une intelligence comme il la souhaitait. C'était en effet dans l'élève, avec une remarquable pénétration, un égal besoin de précision et de méthode, la même sobriété de termes dans un langage toujours clair et correct, et aussi cette exigence peut-être excessive de l'esprit que satisfait difficilement une formule écrite. Trois ans ne devaient pas s'écouler avant que le jeune théologien fût associé à la pensée et au travail du maître qui s'appliquait à le former en lui confiant la rédaction de ses traités, et en lui ouvrant dans le tête-à-tête, à mesure que les questions l'y amenaient, les horizons de la science théologique.

D'un autre côté, M. Bailly avait réussi sans peine à fixer les incertitudes de vocation du saint jeune homme. Son âme, parce qu'elle était droite et humble, sentait particulièrement le besoin de s'appuyer sur l'obéissance. Elle trouva dans le supérieur éminent à qui Dieu l'avait adressée cette direction forte et accusée dont tant d'ecclésiastiques ont fait l'expérience, qui savait lever les doutes et fixer les irrésolutions, en même temps qu'elle s'imposait avec l'ascendant d'une incontestable autorité. Le pieux émule des Berchmans était désormais acquis au séminaire.

Il nous charmait et nous édifiait par l'amabilité de son caractère, la douceur de ses manières, les procédés toujours si délicats de sa charité et cette admirable régularité de vie que rien ne distinguait à l'extérieur. Toute sa personne portait un cachet de distinction qui prenait son origine dans l'âme et lui était comme naturelle. Jamais rien de jeune ne parut dans sa conduite. Sa nature, que retenait une constante garde des sens, le portait peu à l'extérieur. On sentait, dans les récréations, qu'il ne faisait que se prêter aux jeux : le divertissement lui demeura comme inconnu, il ne l'admettait que dans les autres. La vertu apparaît rarement aussi complète et sous des dehors qui la fassent plus aimer.

De bonne heure ses conséminaristes saluèrent en lui le futur directeur ; aussi quand au début de sa quatrième année on lui assigna, en prévision des fonctions auxquelles on le destinait, une chambre et un rang parmi les autres, tous lui avaient décerné dans leur estime cette place où ils le retrouvèrent aussi modeste et humble. M. Pône était engagé dans les ordres sacrés, dès le 25 mai 1850. Il fut fait diacre dans la chapelle du séminaire, le 29 mai 1851, par Mgr Marilley, évêque de Lausanne et Genève, que la persécution tenait en ce moment éloigné de son diocèse. C'était pendant la dernière maladie de Mgr de Chamon. Le même prélat l'ordonna prêtre dans la cathédrale de Saint-Claude, le 3 août suivant, en la vacance du siège. Précieuse faveur pour l'ordinand, qui reçut ainsi d'un Pontife exilé pour la foi, et à qui sa douce inflexibilité à défendre les droits de l'Eglise avait fait dès cette vie une si belle auréole, cette onction du sacerdoce qui devait mettre au cœur du jeune prêtre un si grand amour pour l'épouse du Christ.

Au mois d'octobre 1851, M. l'abbé Pône entrait en qualité de directeur au séminaire. Associé avant le temps au travail de son maître, il le partagea dès lors complètement. Les instances de M. Bailly et d'autres personnes considérables avaient enfin décidé M. Fraignier à faire autographier ses leçons. Jusque là les élèves n'avaient eu, pour rédiger leurs traités, que des notes recueillies à la suite d'une de ces expositions orales dans lesquelles excellait le professeur. L'aide de M. Pône fut pour beaucoup dans la détermination de M. Fraignier, et ceux qui ont vécu ces années-là au séminaire savent l'encouragement que puisa dans cette coopération à la fois si intelligente et modeste, l'âme heureuse et réjouie du maître qui se sentait revivre dans le disciple.

Mais la mort, qui frappe inopinément, enlevait au mois de mai suivant M. Fraignier dans la force de l'âge et au moment où il pouvait espérer encore une longue carrière. Ce fut un coup de foudre pour le digne supérieur de la maison. Il perdait l'ami et le confident de toute sa vie, et la mort de M. Fraignier mettait en péril l'avenir d'un enseignement qui reposait tout entier sur lui. M. Bailly avait l'âme grande et forte ; il ne se laissa pas abattre. Connaissant ce dont M. Pône était capable, il le chargea de reprendre, mais cette fois pour le publier et le mener à bonne fin, ce travail de rédaction que la mort avait interrompu.

La tâche était lourde : celui à qui on l'imposait ne se le dissimulait point. Plus qu'aucun autre, il avait pénétré la pensée de l'auteur, et les qualités de cet enseignement allaient trop bien à sa trempe d'esprit pour que quelque chose lui eût échappé des côtés saillants de M. Fraignier. Il n'en comprenait pas moins la distance qui sépare le livre imprimé et livré au public du modeste cahier où les élèves retrouvent un texte expliqué par le maître. Pour devenir des éléments de Théologie à l'usage des séminaires, les traités de M. Fraignier avaient besoin d'être révisés avec soin, de voir leur texte étendu en maints endroits et de s'enrichir de nombreuses notes historiques et théologiques. Ce travail effrayait d'autant plus la conscience délicate et timide de M. Pône, que son esprit était plus exigeant et que sa connaissance de la théologie lui montrait davantage combien il est difficile de formuler toujours avec exactitude et précision la vraie doctrine.

Sa docilité toutefois lui faisant surmonter ses répugnances, on vit successivement paraître, dans les trois années qui suivirent, les traités : *De la Justice et des Contrats ; — De la Religion et de l'Eglise ; l'Exposition dogmatique*, jusqu'aux *Sacrements ; — l'Eucharistie.* Les prêtres du diocèse furent heureux de retrouver, sous une forme plus développée, l'enseignement d'un professeur qui faisait autorité pour ceux-là mêmes qui ne l'avaient pas entendu ; et quelque soin que mît la modestie de l'éditeur à dissimuler la part qui lui revenait dans ce travail, elle ne réussit point à préserver son jeune nom d'une considération qu'aidait encore la sympathie qu'on éprouvait pour sa personne. En dehors du diocèse, la théologie de M. Fraignier reçut plus d'un encouragement précieux de professeurs que frappaient les qualités d'exposition et de méthode de l'auteur ; on en demandait la continuation et l'achèvement. Mais l'empressement de l'éditeur ne répondait point à l'impatience du public. Il se montrait toujours plus hésitant à mesure que s'agrandissait le champ de ses études, et sentait le besoin de se retremper quelque temps dans le silence d'un travail ignoré, avant de continuer la publication dont on l'avait chargé.

La Providence servit merveilleusement des dispositions si humbles. Mgr Mabile, qui avait succédé en 1851 à Mgr de Chamon sur le siége de Saint-Claude, envoyait en 1856 M. Pône à Rome, en compagnie de celui qui écrit ces lignes, pour y puiser à sa source la vraie doctrine et en rapporter cette connaissance des choses ecclésiastiques que donne un séjour prolongé dans la ville éternelle. Les neuf mois qu'il y passa furent des jours pleins pour le théologien comme pour le prêtre. M. l'abbé Pône n'eut pas à y redresser un enseignement qui avait été, dès l'origine du séminaire, celui des auteurs les plus autorisés et qui ne s'écartait en rien de l'esprit de Rome, non plus que des règles de doctrine tracées par le Saint-Siége. Mais son intelligence, admirablement ouverte à la vérité, fut amenée à contempler de plus haut les horizons de la science sacrée : le commerce de théologiens et de professeurs distingués le fixa sur des points importants de doctrine ; et il rencontra, à la Minerve, dans le R. P., aujourd'hui l'Emin. Cardinal Guidi, un maître en saint Thomas dont l'exposition scolastique pouvait passer pour un modèle, et qui mit toujours avec une bienveillance particulière sa science de l'Ecole au service du jeune professeur. D'autre part, la Rome chrétienne avec ses saints, ses fêtes, ses basiliques, la liturgie qui s'y est conservée dans sa pureté, l'associait au plus intime de la vie de l'Eglise, pendant que le voisinage sacré des Apôtres et les bénédictions du Père des fidèles, qu'il savait recueillir partout, accroissaient sans cesse dans son cœur cet amour de la Papauté et cette tendresse de dévouement au Saint-Siége qui marquèrent sa vie de prêtre. Sa formation était achevée, et les intentions du prélat à qui il devait une faveur si estimée se trouvaient parfaitement remplies à son endroit, quand le mois de juillet 1857 le ramena au séminaire. Nous étudierons mieux de ce moment en M. Pône le professeur et le directeur.

Le prêtre chargé d'enseigner la théologie dans un séminaire doit être avant tout l'homme de la doctrine. Il lui faut, en outre de la science, ce sens catholique qui guide sûrement dans l'étude des questions, attache comme instinctivement à l'autorité, et fait discerner aisément, à travers les diversités de sentiments, la sainte tradition de vérité qui est dans l'Eglise. M. Pône eut tout cela à un degré éminent. Sa science théologique était considérable. Il l'avait puisée exclusivement dans les grands auteurs auxquels il donnait tout son temps, sans en rien distraire pour des études moins sévères. On ne surprenait guère de livres modernes sur la table de travail du professeur : tout au plus parcourait-il certains articles de revue théologique dont la discussion pouvait offrir un intérêt plus sérieux.

Ce n'était point qu'il demeurât indifférent au mouvement des idées, ou qu'il négligeât d'observer ces erreurs et ces opinions hasardées qui se produisent avec une si triste facilité en un âge où les vérités sont diminuées parmi les enfants des hommes. Nul ne s'appliqua mieux à mettre en garde l'esprit des élèves contre ces nouveautés profanes que dénonçait déjà l'Apôtre à son disciple. Il lisait et relisait les Encycliques et autres lettres doctrinales où sont condamnées les erreurs contemporaines, méditant toujours avec un nouveau fruit la parole de Pie IX, et ne se lassant point d'admirer cet enseignement lumineux qui rattache la vérité à sa source Apostolique. Son jugement, formé d'une manière aussi sûre, ne le trompait guère. On le voyait, sur les questions qui de nos jours ont divisé les catholiques en France, pressentir comme naturellement les déclarations du Saint-Siége. Autant il se montrait réservé et indulgent pour les personnes, autant on le trouvait ferme sur les principes. N'embrassant un sentiment que parce qu'il le croyait plus conforme à l'enseignement reçu, il était à l'abri de ces variations auxquelles expose trop d'individualité dans la science.

M. Pône, professeur de Morale pendant près de seize ans, s'était attaché à la pure doctrine de saint Alphonse de Liguori, que Pie IX vient de consacrer par un dernier acte, le plus solennel de tous, en élevant ce saint au rang de Docteur de l'Eglise. Il n'en admit jamais d'autre en particulier dans la délicate question du Probabilisme. Seulement, ses études spéciales en cette matière lui avaient appris à ne point mettre toute la vérité dans un système, sans tenir compte, pour certaines applications, de ce que les autres pouvaient renfermer de vrai.

C'était le professeur exact par excellence, ne se fiant pas à son sens qui était pourtant si droit, ennemi de la précipitation en tout et sachant consulter patiemment les auteurs tant qu'il n'était point sûr d'une formule, ou que la question ne lui semblait pas complètement éclaircie. Sa parole se ressentait des qualités de son esprit : elle était serrée et admirablement précise. Avec ces dispositions et une exigence d'esprit qui croissait avec l'âge, la publication de la théologie de M. Fraignier, on le conçoit, devait peu avancer. Le traité *De la Pénitence*, qui parut en 1859, fut le dernier publié; M. Bailly, à qui il n'avait pu le refuser, nous était enlevé cette même année. Il continuait à se servir, pour ses leçons, des cahiers de son ancien maître ; mais les développements successifs apportés à la première rédaction en avaient fait en réalité des traités nouveaux que le modeste professeur persistait à ne pas dire siens : et son humilité lui persuadait vraiment qu'il en était ainsi.

Nous aurions voulu en particulier que ce cher collègue publiât son traité *du Mariage,* dont il eût fait sans trop de frais une œuvre remarquable. C'est la partie de la théologie à laquelle il avait consacré le plus d'études spéciales. Outre que ce sacrement, le signe sacré de l'union du Christ avec son Eglise, lui révélait toute l'économie de l'Incarnation, il voyait avec raison dans les erreurs modernes sur la séparation du contrat d'avec le sacrement, la base de cette théorie funeste de la séparation de l'Eglise et de l'Etat, dont les terribles événements qui viennent de s'accomplir sous nos yeux ne sont que la conséquence directe. Aussi mettait-il tous ses soins à pénétrer ses élèves de la vraie et pure doctrine de l'Eglise, telle qu'elle ressort de la condamnation de Nuytz, de la lettre de Pie IX au roi de Sardaigne et des autres actes récents du Saint-Siége en cette importante matière.

A propos de ses recherches sur le mariage, nous lui avons surpris cet aveu qu'il avait parcouru en entier les œuvres de saint Augustin, pour découvrir à cette riche source l'antique tradition de l'Eglise. M. Pône rapportait de ses études des notes claires et substantielles, qui le guidaient dans l'exposition et lui servaient à appuyer la doctrine. Mais il faut regretter qu'il ne les ait pas fait servir davantage à nourrir sa rédaction et à donner plus de corps à ses traités. En se laissant moins arrêter par les exigences d'un esprit par trop sévère, il se fût décidé plus facilement à écrire et nous eût laissé plusieurs traités pour lesquels il avait les matériaux en abondance.

Sa prédilection, après la théologie, fut pour les études liturgiques. On lui confia dès ses premières années les leçons de Rituel, et les séminaristes, pendant tout le temps qu'il fut au séminaire, n'eurent pas d'autre maître de cérémonies que lui. Il avait salué avec bonheur le retour du diocèse à la liturgie Romaine : le nouveau et vaste champ d'études qu'elle lui ouvrait allait merveilleusement au

côté mystique de sa nature. Nous n'excédons pas en disant que le
sens des choses liturgiques lui était comme inné. Avec quel pieux
respect il en traitait; quelle sainte et religieuse estime il en faisait
concevoir: ceux-là l'ont éprouvé qui ont eu le bonheur de l'entendre.
La liturgie l'introduisait jusqu'au plus intime du cœur de l'Eglise :
c'était bien pour lui l'âme du Christ vivant dans les fidèles, l'écoulement continu de ses grâces, la sacrée représentation de ses mystères. Rien ne lui échappait du sens profond et caché des prières,
des rits et des cérémonies de la sainte Epouse du Christ; il savait
percer l'écorce des symboles pour y découvrir la moëlle de la plus
divine doctrine. A la manière dont il parlait des bénédictions et des
sacramentaux, on comprenait la valeur qui s'y attache. Peu d'âmes
ont à ce degré l'intelligence des choses de la Foi, et les prêtres instruits en ces matières comme l'était M. Pône sont rares.

La liturgie, en raison même de son côté spéculatif si élevé, astreint celui qui l'enseigne à ne rien négliger de ces prescriptions de
détail qui atteignent, pour la régler, l'action du sacrificateur et du
ministre des sacrements. M. Pône, fidèle à cet esprit, enregistrait
scrupuleusement, à mesure qu'elles paraissaient, les nouvelles décisions de la S. Congrégation des Rits. Consulté souvent par le
clergé, il rappelait avec un zèle pieux mais toujours discret à la
stricte observance des règles; indiquait, en l'absence de règles,
les usages les plus conformes à l'esprit de la liturgie, s'inspirant
en tout d'une intelligence parfaite des choses du culte.

A ces qualités d'un esprit élevé notre regretté confrère en joignait d'autres qui sont surtout précieuses en communauté. Homme
d'ordre et de méthode, M. Pône consignait avec soin tout ce qui
pouvait intéresser le séminaire et en fixer les traditions et les usages. Il excellait à rédiger des actes dans le style ecclésiastique, renseignait sûrement sur la marche à suivre pour les diverses demandes
en cour de Rome, et avait la solution des principales difficultés pratiques que soulève l'observation des formalités canoniques.

Ses délassements, en dehors des récréations de la communauté,
n'étaient point perdus pour la théologie. La bibliothèque occupa,
pendant plusieurs années, les moments que sa santé lui interdisait
de donner à l'étude. Il se trouvait là dans la compagnie des anciens
dont il aimait à compulser les œuvres, prenait note des auteurs
qui nous manquaient le plus, comme aussi il lui arrivait de faire
quelque bonne trouvaille dans des amas de volumes jugés insignifiants. En même temps qu'il mettait l'ordre dans les rayons des divers compartiments, il meublait sa mémoire d'une foule de connais-

sances où nous puisions ensuite avec profit. Nous en avons assez dit pour faire comprendre ce que M. Pône a été pour l'enseignement du Séminaire.

Mais les vertus du directeur et la sainteté du prêtre l'emportaient encore chez lui sur les qualités du professeur et la science du théologien. Il laisse après lui la mémoire d'un saint. Ceux qui ont vécu dans son intimité sont persuadés qu'il est mort avec la grâce de son baptême rehaussée de tout l'éclat de celle du sacerdoce. Notre pieux confrère sans doute n'a point échappé à ces fautes qui sont, jusque dans les parfaits, le triste apanage de la nature déchue : et toutefois, quand ayant à reproduire au vrai cette belle vie de prêtre, on se demande si elle n'aurait pas présenté ses côtés faibles, on ne se rappelle que difficilement l'avoir trouvé en défaut.

M. Pône fut par excellence l'homme de communauté, aimant et préférant à tout cette vie de séminaire si facilement pleine de Dieu, qui s'écoule tranquille et sûre dans l'accomplissement de devoirs cachés. Il était tout entier aux obligations de sa charge, dont rien ne pouvait le distraire. L'intérêt suprême pour lui, c'était le maintien des traditions et de l'esprit du séminaire. On le vit toujours, en ce qui le concernait, se conformer aux usages de nos anciens, auxquels il se serait fait un scrupule de déroger en quoi que ce soit sans y être autorisé par le supérieur.

Un tel esprit prenait sa source dans une haute piété. M. Pône s'était formé à l'école des Bérulle, des Condren, des Olier, des Saint-Jure et de saint François de Sales auquel il revenait souvent. Sévère dans le choix des ouvrages spirituels, il recommandait de préférence les anciens manuels et s'attachait pour lui aux auteurs en qui la théologie allait de pair avec la spiritualité. On conçoit ce que devait être pour une âme ainsi préparée la lecture des Saints Livres. Nous l'avons entendu nous dire des choses admirables du sens caché et divin des Écritures, et de ces eaux de la vérité qui y jaillissent toujours de nouvelles profondeurs. Il lisait alors le commentaire de saint Thomas sur les Épîtres de S. Paul, comme plus tard la vie de N. S., de Ludolphe le Chartreux, lui apporta les plus intimes consolations.

Mais en pénétrant plus avant dans le secret de cette sainte vie, il nous sera facile d'indiquer ce qui l'a caractérisée et de faire ressortir les principales vertus qui ont brillé dans M. Pône. On verra qu'elles ont été éminemment celles du prêtre appelé à former Jésus-Christ dans les âmes.

C'est le propre du sacerdoce de mettre au cœur du prêtre un grand amour pour Jésus, le sauveur des hommes ; pour Marie, la Vierge bénie qui l'a donné au monde ; et pour l'Eglise, cette Epouse immaculée de l'Homme-Dieu, qu'il s'est acquise par son sang.

L'amour pour Jésus a son centre et son foyer dans l'Eucharistie. Nous aurons fait suffisamment connaître les sentiments de M. Pône envers cet adorable sacrement, en disant qu'ils répondaient à cette profonde et divine connaissance du mystère qu'il avait puisée dans la liturgie. On le voyait à l'autel saintement pénétré de l'action du sacrifice, plus attentif encore à observer les rites qu'à satisfaire sa dévotion. Lorsqu'il assistait à la messe, c'était avec le même recueillement. La messe solennelle surtout, avec ses cérémonies dans lesquelles il savait si bien lire et ce beau chant de l'Eglise par où a passé l'âme des saints, le tenait dans une douce et continuelle contemplation. Jamais il n'y faisait aucune lecture ni même n'y récitait son office ; l'action lui paraissait trop sublime et trop sainte pour qu'il s'y occupât d'autre chose que de ce que dit et fait le prêtre.

Son âme n'éprouvait pas de plus grand bonheur que quand il voyait rendre à Notre Seigneur dans l'Eucharistie les hommages qui lui sont dus. Il avait, peut-on dire, un amour de reconnaissance pour les prêtres que recommandait leur zèle à procurer l'honneur de ce sacrement. Combien il jouissait à Rome de ce riche déploiement de tentures et de lumières dans les églises où se fait l'adoration perpétuelle, des saluts si solennels du Saint Sacrement, de la religieuse pompe avec laquelle on porte le Saint Viatique aux malades : nous en avons été témoin pendant un séjour de neuf mois, comme il nous a été donné plus d'une fois de nous mêler en sa compagnie à la pieuse foule qui escortait le Sauveur. Il déplorait, à ce propos, la disparition en France de beaucoup de ces manifestations et de ces marques extérieures de culte, qui contribuent tant à imprimer dans les fidèles un plus grand respect des choses saintes, en même temps qu'elles conservent à un pays sa physionomie catholique. On le vit, pendant sa vie de directeur, s'employer de toutes ses forces à les rétablir d'abord dans l'esprit des séminaristes, à qui il savait en donner une haute idée et en faire comprendre l'importance.

Nous n'avons pas besoin de dire ce qu'était pour notre saint confrère la visite au Saint Sacrement, qui est entrée dans les habitudes pieuses du prêtre. En dehors du séminaire aussi bien que dans la communauté il ne manquait aucun jour d'y consacrer le temps voulu, sans que ni les occupations ni la fatigue suffissent à l'en exempter.

M. Pône, qu'animait une piété si vraie envers le sacrement de nos autels, n'avait pas une moindre dévotion au Sacré Cœur de Jésus, dont l'Eucharistie nous révèle le trésor des richesses infinies. Il aima, pratiqua et recommanda singulièrement cette dévotion que tout contribuait à rendre chère à son âme de prêtre. Elle avait pris naissance en France à l'époque où la plus perfide des hérésies travaillait, sous le masque d'une religion sévère, à tarir les sources vives de la piété dans les fidèles ; les obstacles suscités par l'ennemi de tout bien à sa propagation lui avaient valu les plus précieuses faveurs du Saint-Siége ; toujours, dans ses malheurs, la France s'était tournée vers le Cœur de Jésus comme vers son unique refuge : et l'Eglise de nos jours, en élevant aux honneurs de la Béatification l'humble religieuse dont Dieu s'est servi pour manifester aux hommes les trésors renfermés dans son Cœur adorable, avait voulu signifier aux hommes que là étaient contenues les grâces de sanctification et de salut nécessaires pour tirer la société de l'abîme de perdition où elle périrait infailliblement, si Dieu ne devait la sauver. La vie et les révélations de la B. Marguerite Marie étaient devenues familières à M. Pône. Il avait fait ces dernières années à Paray-le-Monial, au tombeau de la Bienheureuse, un pèlerinage qui accrut encore ses sentiments pour la dévotion au Sacré Cœur de Jésus et son zèle à la propager.

Le prêtre, que son ministère met en relation si étroite avec l'Homme-Dieu et à qui le sacerdoce donne pouvoir sur son Corps adorable, pourrait-il ne pas associer à son amour pour Jésus, Marie, la Vierge bénie dans le sein de laquelle le Fils de Dieu a pris ce corps et ce sang qui nous sont dispensés dans l'Eucharistie ? Jean, le disciple bien-aimé qui avait reposé à la Cène sur la poitrine du Maître, est aussi celui qui, au pied de la Croix, reçut Marie pour mère. Cette loi de solidarité entre l'amour de Jésus et celui de Marie ne cesse de se vérifier dans ceux que la grâce du Christ enfante tous les jours à la vie, et la dévotion à Marie a toujours été regardée avec raison comme un signe de prédestination. Or, il est peu d'âmes en qui cette dévotion ait revêtu au même degré que chez M. Pône ce caractère de tendresse filiale qui est le propre des enfants de Dieu. Marie était vraiment pour lui une mère. On le sentait à l'accent particulier de ses paroles quand il rappelait ce que les chrétiens lui doivent, l'amour des saints pour elle, les grâces qui viennent aux hommes par son entremise. Il aimait ses fêtes et ses sanctuaires, faisait volontiers de pieux pèlerinages aux lieux qu'Elle s'est choisis, et regardait comme une des grandes faveurs de sa vie d'avoir pu visiter la sainte maison de la Vierge à Lorette. Jamais il ne manqua un seul jour de réciter au moins la troisième partie du Rosaire en son honneur.

Une piété si grande envers Marie avait son fondement dans la plus solide doctrine. M. Pône n'ignorait rien de ce que les théologiens ont écrit de plus élevé sur la Mère de Dieu. Il admirait en particulier, dans l'ouvrage récemment paru de M. Olier sur la sainte Vierge, cette haute théologie où se trouve développée avec tant de profondeur la doctrine la plus autorisée des Pères sur la place qu'occupe Marie dans la divine Economie de la Rédemption. Marie était bien pour lui la nouvelle Eve, sortie elle aussi du côté du Rédempteur pendant le sommeil de la croix, que la grâce de son Fils avait faite seconde Médiatrice et co-Rédemptrice des hommes, et qui avait le privilége sublime d'intervenir par ses mérites et avec son cœur de Mère, pour toute grâce concédée par Jésus-Christ aux hommes : de telle sorte que Dieu, qui a voulu nous donner Jésus par Elle, ne nous accorde rien sans Elle de ce que nous a valu la Rédemption du Fils de Dieu. On conçoit ce qu'est à l'âme une telle doctrine et tout ce qu'elle sait mettre au cœur de pieuse vénération, de filiale tendresse et de confiance absolue pour Marie. M. Pône aimait à procurer et à faire connaître aux séminaristes les livres qui l'exposent avec exactitude et piété et qui peuvent le mieux la faire goûter. Il se réjouissait de ce développement dans la doctrine qu'avait amené la définition de l'Immaculée Conception, et qui coïncidait avec un merveilleux accroissement de culte envers Marie. Joseph, le saint époux de la Vierge, dont Dieu se réservait pareillement de manifester la gloire à notre âge, était après la Mère de Dieu le premier objet de sa dévotion. Les grandeurs de ce patriarche, qui a eu l'insigne honneur d'être le dépositaire du Verbe Incarné et de représenter Dieu le Père auprès de la personne de son Fils, le jetaient dans l'admiration en même temps qu'elles lui étaient un garant de l'efficacité de sa protection et de la puissance d'une entremise à laquelle sainte Thérèse déclarait qu'elle n'avait jamais eu recours en vain.

M. Pône, comme nous le montre sa dévotion au Cœur de Jésus, à Marie Immaculée et au glorieux patriarche saint Joseph, était attentif à suivre l'action de l'Esprit-Saint dans l'Eglise et connaissait le prix de ces courants particuliers de grâces que la miséricorde de Dieu sait ménager à chaque époque. C'est qu'il voyait avant tout dans l'Eglise la société vivante des fidèles; le Corps dont Jésus-Christ est le Chef, qui est animé de son Esprit et qui vit de sa vie ; l'Epouse que l'Homme-Dieu s'est unie, os de ses os, chair de sa chair; le Temple saint où s'accomplit l'opération divine. Il avait une foi profonde à la présence de l'Esprit-Saint dans l'Eglise, aimait à con-

templer cette beauté de la Fille du Roi qui lui vient toute de l'inté-
rieur, et ne se lassait point de remercier Dieu des trésors de vérité
et de grâce renfermés dans cette Unité visible qui est le sceau de
l'Esprit-Saint. Combien il tenait du fond de ses entrailles à cette
Unité; quels étaient ses sentiments pour la sainte Eglise Romaine
qui en est le centre et le lien extérieur; quelle sa soumission en-
tière, d'esprit et de cœur, et sa tendresse d'attachement au Pontife
Romain: il faut, pour le savoir, avoir vécu avec M. Pône et l'avoir
suivi en particulier pendant ces dernières années, à travers ces phases
de gloire et d'épreuves par où il plaît au Seigneur de faire passer
Pie IX. Contentons-nous de dire qu'il aima l'Eglise et son Pontife
comme l'aiment les âmes les plus Catholiques et les plus généreuses
dans leur amour et leur fidélité au Saint-Siége. Tout ce qui pouvait
menacer les droits et la sainte liberté de l'Epouse du Christ, ou qui
semblait porter atteinte aux prérogatives souveraines de son Pontife,
le trouvait susceptible et jaloux, nous allions dire à l'excès. On com-
prend par là ce que lui faisait éprouver l'état de spoliation et d'a-
bandon du Vicaire du Christ depuis la fatale guerre d'Italie. C'était
sa préoccupation habituelle devant Dieu, préoccupation qui perçait
dans ses conversations et ses rapports avec les séminaristes, et qui
l'a fait le promoteur de tant d'œuvres et de prières pour hâter le
triomphe de l'Eglise. On lui doit en particulier une association entre
les prêtres de nos séminaires, dans laquelle chaque membre s'engage
à offrir une fois par mois, à jour fixe, le saint sacrifice pour obtenir
la prompte délivrance du Saint Siége.

La Communion des Saints, qui n'est que l'Eglise dans son universelle acception, ravissait cette âme sacerdotale. Que de fois il a relu,
pour le méditer, le beau chapitre du Catéchisme du Concile de Trente
à ce sujet! Il avait goûté et compris ces paroles de la première épître
de saint Jean, qui sont le fondement de cette communion : « *Annun-*
« *tiamus vobis vitam æternam, quæ erat apud Patrem, et appa-*
« *ruit nobis :... ut et vos societatem habeatis nobiscum, et societas*
« *nostra sit cum Patre, et cum Filio ejus Jésu Christo.* » Ce sentiment si vrai de la Communion dans l'Eglise explique sa grande
dévotion aux Saints, son estime singulière des Indulgences, et cet
amour si compatissant pour les âmes du Purgatoire qui promouvait
sans cesse son zèle à leur venir en aide.

Il aimait aussi à soutenir avec les purs Esprits ces rapports invi-
sibles que nous révèle la Foi; la dévotion aux saints Anges lui fut
même si chère qu'il nourrit longtemps le projet d'écrire un livre
pour la recommander et la faire mieux connaître. Entre tous les

Anges, il honorait d'un culte spécial saint Michel, le chef de la milice céleste, que Dieu, en récompense de sa fidélité, a préposé aux âmes pour les présenter à son jugement. Son Ange gardien tenait la seconde place. La faveur accordée à sainte Françoise Romaine qui jouit tant de la familiarité du sien, dont la présence lui était devenue sensible par un miracle, l'avait rendu particulièrement dévot à cette sainte.

Ce grand amour pour Jésus-Christ, pour la bienheureuse Vierge et pour l'Eglise, qui formait comme le fond de l'âme de M. Pône, se traduisait vis-à-vis du prochain par une charité admirable et d'une singulière bienveillance pour tous. M. Pône avait reçu en partage une nature affectueuse et sensible. Son éducation en famille, au contact de l'âme de sa mère, avait développé chez lui une richesse de sentiments auxquels la grâce venait prêter sa merveilleuse et divine beauté. C'était le plus pieux et le plus aimant des fils, et ses rapports avec les siens furent toujours marqués au coin de la plus affectueuse et de la plus délicate tendresse.

Il portait ces remarquables qualités de cœur dans ses relations de prêtre et de communauté. Les séminaristes avaient vite reconnu tout ce qu'il y avait en lui d'égards bienveillants, d'empressement à deviner leurs besoins, de sollicitude prompte à s'alarmer sur l'état de santé des faibles. Peu d'ecclésiastiques, nous osons le dire, ont joui au même degré que cet aimable collègue de l'affection comme de l'estime universelle du clergé. On le voyait, au temps des retraites diocésaines en particulier, si attentif auprès de chacun, plein d'une déférence si respectueuse pour ses aînés dans le sacerdoce, montrant dans ses procédés et dans ses paroles une charité toujours si vraie ! Et tout cela était accompagné d'un tact parfait et rehaussé par une distinction de manières qui excluait toute recherche et s'alliait comme naturellement à cette belle simplicité qui est le cachet de la politesse du prêtre.

La bonté de M. Pône se faisait particulièrement remarquer à l'endroit des humbles et des petits. Il avait pour les domestiques de la maison ces égards de la charité chrétienne qui excite d'autant plus le dévouement qu'elle montre plus d'estime des services reçus et craint davantage de paraître exigeante. Les pauvres et les gens du peuple le trouvaient compatissant et doux, s'enquérant volontiers de ce qui les concernait et gagné bien vite à leurs intérêts. Encore que sa position ne le mît que rarement en rapport avec eux, ceux qui avaient eu l'occasion de le voir plus souvent se sentaient puissamment attirés vers ce prêtre, lui de son côté aimait à les retrouver et s'entretenait volontiers avec eux de leurs affaires ou de leur famille.

Le désintéressement, cette autre forme de la charité, est une chose trop naturelle dans une âme élevée comme doit l'être celle du prêtre, pour que nous songions à relever ce côté de la vertu de notre saint confrère. Il y a tant de jouissance pour un cœur généreux à venir en aide à ses frères, que le désir, quelquefois la passion de donner, peuvent exposer à l'injustice celui dont la prudence ne règlerait pas les actes, quand il jetterait dans des œuvres au-delà de ce dont il peut disposer. M. Pône, bien éloigné de cet excès, poussa jusqu'au scrupule le respect de la justice. Limité aux ressources d'un directeur de séminaire, il savait borner ses dépenses et s'arrêter à temps, fallût-il remettre à plus tard l'acquisition d'un livre, renoncer à un pieux pèlerinage en compagnie d'amis, ou même, ce qui lui coûtait davantage, se priver de concourir à quelque œuvre de charité chrétienne. Sa coutume invariable était de ne disposer des honoraires de messes qu'on lui distribuait, qu'autant que ses obligations étaient remplies et qu'il avait satisfait aux intentions.

M. Pône ne s'est pas montré moins admirable par son attention à ne blesser en rien dans ses paroles et dans les conversations la charité pour le prochain. Un absent attaqué un peu vivement était sûr de trouver en lui un défenseur. L'idée qu'il se faisait en particulier de l'union qui doit régner entre les prêtres lui rendait extrêmement pénible tout manque de bienveillance dans les paroles, toute critique excessive et amère ou simplement peu charitable à l'endroit d'un confrère. Par là, disait-il, on s'aliénait le cœur de ce confrère et on lui enlevait toute confiance en ceux sur lesquels il avait le plus le droit de compter. Il était très-délicat sur ce point, et jamais, nous pouvons l'affirmer, on ne l'a vu se départir de cette bienveillance dans les jugements qui est le propre de la charité.

On conçoit tout ce que cette charité devait lui inspirer de zèle affectueux pour les âmes. M. Pône a fait briller surtout ce zèle dans les soins pieux dont il savait entourer les malades et l'empressement qu'il mettait en toute occasion à assister les moribonds. Dieu lui avait donné pour ce ministère une grâce spéciale qu'il est de notre devoir de révéler ici dans l'intérêt de tous. Il observait admirablement les saintes prescriptions du Rituel Romain, en tout ce qui concerne la visite des infirmes, les derniers sacrements à leur administrer, et l'aide à leur porter dans cette lutte suprême qui décide du sort du fidèle pour l'éternité. Pendant un second séjour à Rome dont nous parlerons bientôt, il s'était mis en rapport avec les religieux de saint Camille de Lellis, afin de mieux puiser aux traditions d'un Ordre

dont saint Philippe de Néri attestait qu'il avait vu souvent les Anges
du Ciel suggérer aux premiers Ministres des infirmes les paroles
divines destinées à réconforter les pauvres agonisants. On le voyait,
quand une occasion s'offrait de remplir ce ministère de charité, s'ap-
procher du malade avec une expression particulière de bonté, plein
de foi dans la grâce du prêtre, comme dans la valeur des sacramentaux et l'efficacité des prières de l'Eglise. Après avoir souhaité
la paix à cette maison et à ceux qui l'habitaient, il adressait au pauvre
infirme quelques paroles suaves et fortifiantes, lui proposait volontiers de s'unir au ministre de l'Eglise pendant qu'il réciterait sur lui
les prières marquées au Rituel, puis versait l'eau sainte sur sa cou-
che, le munissait du signe sacré de la croix et le quittait ainsi fortifié
pour le revoir bientôt. Sa charité redoublait à l'approche des derniers moments. Il ne pouvait se faire à la pensée qu'un chrétien ex-
pirât sans avoir à ses côtés le père de son âme, pour le défendre
contre les assauts de l'ennemi de son salut et recommander son âme
à Dieu. Nous l'avons entendu souvent exprimer le souhait d'être
employé exclusivement auprès des moribonds, au sein de quelque
vaste paroisse ou dans un hôpital. Heureux, nous disions-nous autour
de lui, ceux à qui il est donné de pouvoir expirer entre ses bras. Ses
parents eurent cette faveur, la plus précieuse de toutes. On put l'admirer en particulier de longues heures auprès du lit de mort de sa
mère, oubliant sa douleur pour ne songer qu'à cette âme qui lui était
plus chère que tout le reste, imposant ses mains sacerdotales sur ce
front qui avait reçu si souvent ses baisers de fils, occupé uniquement
à relever vers Dieu la pensée de la mourante et ne faisant parvenir
à elle que la parole du prêtre, à ce moment suprême où tout le reste
s'évanouit pour ne plus laisser en présence que Dieu et l'âme. Ainsi
savent se montrer et agir les saints.

Celui qui ne considèrerait que l'ensemble de la vie de M. Póne et
la fidélité dont il a fait preuve dans l'accomplissement de sa tâche
de tous les jours, pourrait croire qu'il fut favorisé du côté de la santé
et des forces physiques. Cependant Dieu avait marqué cette âme du
sceau de la souffrance. Elle s'attacha à lui dès sa jeunesse pour devenir la compagne inséparable de son existence, et mêla d'une ab-
sinthe toujours plus amère ces joies de l'intelligence et du cœur qui
sont la récompense légitime de la vie de communauté et d'études.

La constitution de M. Póne était des plus saines. Toutefois son
organisation ne le prémunissait pas assez contre ces fatigues ner-
veuses auxquelles expose l'application trop soutenue des facultés de
l'esprit. Il avait ressenti, dès la fin de son année de philosophie, ces

douleurs de tête qui devaient malheureusement persister et lui laisser toujours moins de relâche. Ses supérieurs, qui lui étaient profondément attachés et qui connaissaient le prix de cette perle du séminaire, essayèrent à diverses reprises tout ce qui pouvait améliorer la situation de ce cher confrère, soit en l'assujettissant à plus d'exercices physiques, soit en lui procurant la distraction de longs voyages ou en l'invitant à mieux profiter des vacances pour faire provision de forces. Mais la nature de M. Pône, nous l'avons dit, le portait peu à l'extérieur ; il se trouvait mal à l'aise hors de la communauté et l'on était obligé d'user de violence, en vacances, pour l'arracher à sa famille où le retenaient ses affections et aussi, dans les dernières années, l'accomplissement des devoirs de la piété filiale.

C'est qu'à ses souffrances personnelles étaient venues s'ajouter celles des siens. Son père, appelé à des fonctions publiques par le Gouvernement qui suivit 48, avait été nommé juge de paix à Saint-Laurent, où il ne fit que passer, puis à Voiteur, aux portes mêmes de Lons-le-Saunier. Le bonheur que semblait promettre à la famille ce voisinage du séminaire ne fut pas longtemps complet. Au bout de quelques années la maladie s'attaquait à M. Pône père, qu'elle forçait, après l'avoir réduit peu à peu à l'impuissance, à revenir attendre à Dole la fin de longues souffrances. Mme Pône répandait autour d'elle cette sérénité et ces consolations dont la femme chrétienne a le secret : elle succomba la première, un mois après le retour à Dole, laissant son mari à la garde de leur unique fille qui a pris pour elle, dans la maison, le rôle de charité et de dévouement de la vierge chrétienne.

Ces douleurs, en s'accumulant, retombaient de tout leur poids sur notre pieux confrère dont l'âme, on peut le dire, était véritablement sous le pressoir. Il faudrait, pour s'en étonner, avoir oublié saint Paul reprochant comme un grand crime à ces hommes des derniers temps, dont il prophétisait les vices, d'être *sans affection*. Par contre, l'affection remplit un cœur où Jésus-Christ habite, et le sacrifice des saints n'honore tant Dieu que parce qu'il leur coûte plus de larmes et qu'il y a dans ce qu'ils offrent plus de sang versé.

Dieu, qui traitait M. Pône à la manière de ses amis, voulait en accroissant tous les jours ses mérites, les épurer et les sanctifier au creuset des souffrances. La névrose dont il était atteint prenait en effet un caractère plus grave. Il ne célébrait plus qu'avec grande peine le saint sacrifice, voyait arriver avec appréhension l'heure de la classe qui l'obligeait à se produire en public, et se déclarait incapable d'une application prolongée ou d'un travail soutenu de rédaction. Sa persuasion était que la vie serait soudainement brisée chez lui par quelque accident interne, et l'on peut dire que chacun de ses jours a été depuis une préparation à la mort. Nous n'en voyions pas moins briller, aux examens des clercs et dans les conversations théologiques, ces qualités d'esprit qui continuaient de nous frapper : et rien n'était changé, à l'extérieur, dans sa vie de séminaire.

M. le supérieur, voulant lui procurer la seule distraction qui fût pour lui une jouissance, l'envoya à Rome au printemps de 1867. Il revit donc Rome et son Pontife, put s'agenouiller encore à la Confession du Prince des Apôtres et recevoir ces bénédictions de Pie IX qui devaient être les dernières pour lui, visita avec un cœur rajeuni par l'amour ces sanctuaires où nous avions prié ensemble en 1857, et nous revint la joie et la reconnaissance dans le cœur, avec des faveurs apostoliques pour tous et sa provision de livres et de renseignements précieux, mais non guéri ni fortifié.

On essaya depuis de l'action du ministère extérieur. Ecartant avec soin tout ce qui pouvait ressembler à une charge, M. le supérieur l'autorisa en 1868 à s'occuper des orphelines de la Providence de Macornay. C'est avec bonheur que M. Póne accepta cette humble mission. Elle l'associait à une œuvre que sa fondation rattachait au séminaire et lui permettait de remplir vis-à-vis la famille d'adoption de M. Roland, pour lequel il avait toujours professé une profonde vénération, quelque chose des devoirs de cette paternité que Dieu avait mise au cœur du saint fondateur (1). Jusqu'à la Toussaint de 1870, on put le voir régulièrement, trois fois par semaine, cheminer seul sur cette route de Macornay qu'avait tenue si souvent M. Roland, pensif et recueilli comme lui et guidé par les mêmes sentiments. Les petites orphelines étaient fières à bon droit d'avoir pour catéchiste un des prêtres chargés d'enseigner les élèves du sanctuaire : et lui, rapetissant pour la mettre à leur portée cette parole qui, le matin, avait communiqué la plus haute doctrine, savait, en les intéressant toujours, élever graduellement leurs intelligences à une connaissance des vérités de la foi aussi complète que le comportaient leur âge et la préparation de leur esprit. Avec quel soin il les disposait à la première communion ; quel zèle il apportait à former et diriger ces jeunes consciences : on le comprendra quand nous aurons dit que, pendant les vacances, il ne consentit jamais à laisser passer

---

(1) M. Roland, de pieuse et sainte mémoire, décédé en 1865 directeur économe au séminaire de Lons-le-Saunier, fut le fondateur de l'œuvre des Orphelines et du Tiers-Ordre de S. François, de Macornay.

plus de quinze jours sans revenir, de Dole, visiter son petit troupeau.

L'année 1870 s'était ouverte sous les plus heureux auspices pour l'Eglise : rien ne faisait prévoir les malheurs qui devaient fondre si prochainement sur la France et avoir leur contre-coup à Rome. M. Pône, dès le premier bruit qui s'était fait autour de la question de l'Infaillibilité Pontificale, avait pressenti que le premier Concile du Vatican serait la glorification et la reconnaissance solennelle des plus hautes prérogatives du successeur de Pierre. Il put jouir du triomphe de la Vérité et remercier Dieu du nouveau bienfait accordé à son Eglise, dans la définition de la souveraine plénitude de puissance et du Magistère infaillible du Pontife Romain. Ce fut la dernière grande consolation que Dieu lui fit goûter sur la terre. Au commencement de novembre, quand tout s'était assombri autour de nous, alors que la révolution italienne venait d'envahir sacrilégement et traîtreusement Rome, d'où s'était retiré le drapeau de la France, et que nos revers devenaient plus accablants, une aggravation sensible se produisit dans son état. Il donna encore ses soins à quelques séminaristes, à la retraite de la rentrée qui avait été retardée jusqu'à la fin de novembre. Vainement essaya-t-il de reprendre ses leçons ; on dut songer à un suppléant.

Nous espérions toujours que quelque crise favorable amènerait un changement dans l'état de notre cher malade, sans nous douter qu'il n'était plus que pour quelques mois au milieu de nous. Dieu, pendant ce reste de vie, lui donna l'occasion de lui offrir l'un après l'autre les plus grands sacrifices. Il lui fallut, pour ne pas augmenter des fatigues excessives, se résigner, dès les premiers jours de décembre, à ne plus célébrer les saints mystères. Nous pûmes, en partageant avec lui la récitation des heures canoniques, lui conserver plus longtemps cette dernière consolation. Sa vie, extérieurement, était mêlée à la nôtre ; il passait avec nous l'heure des récréations, venait ensuite s'asseoir au foyer de chacun, s'enquérant discrètement de ce qui nous occupait, avec cette expression dans le regard et dans la voix qui nous disait son regret de ne pouvoir plus partager des travaux aimés. Nous nous sentions, hélas ! impuissants à le soulager ; rien n'allégeait efficacement pour lui le poids de ces longues journées où il ne pouvait que péniblement appliquer sa pensée aux choses de l'esprit.

Cependant de nombreuses prières sollicitaient le rétablissement de ce cher confrère ; mais Dieu, qui le trouvait mûr pour le ciel, avait décidé, au lieu de nous le rendre, de l'attirer à Lui. Le mardi matin, 28 mars, il nous était subitement enlevé sans que rien, les jours précédents, nous eût préparés à cette cruelle séparation. M. Pône n'avait pas atteint sa 45ᵐᵉ année.

On put voir, à la nouvelle de cette mort, quelle place occupait dans le cœur des prêtres ce saint directeur qui avait été si aimable dans la vie et que sa fin prématurée contribuait encore à faire regretter de tous. Ses obsèques, auxquelles présida M. l'abbé Carette, vicaire général de Mgr l'Evêque de Saint-Claude, se firent au milieu d'un grand concours d'ecclésiastiques qui voulurent accompagner le corps du défunt jusqu'à Chille, au caveau destiné à la sépulture des directeurs du séminaire. C'est là que repose M. Pône, à côté de nos anciens. Sa cendre peut se mêler à la leur. Il a partagé leur esprit, vécu des mêmes traditions : sa vie, comme celle de ces hommes de Dieu, exhale la bonne odeur de Jésus-Christ.

Impr. et Lithog. P. Gallard et Cie, à Lons-le-Saunier.

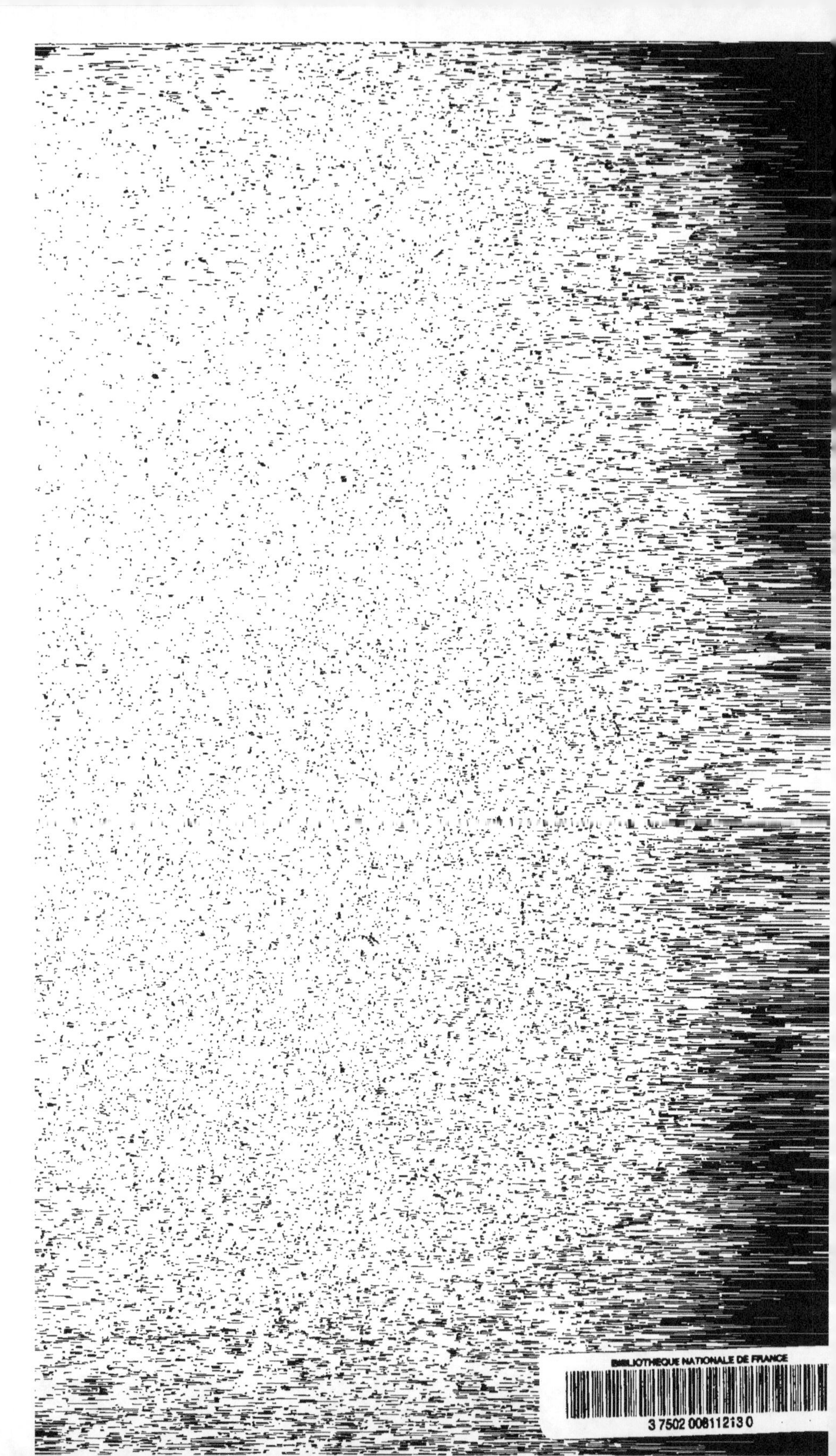